Jörg Müller

Ein Christ …

Gereimte Ungereimtheiten eines Betroffenen

Mit Illustrationen von
Klaus Georg Müller

J. F. Steinkopf

Die Deutsche Bibliothek – CIP-Einheitsaufnahme

Müller, Jörg:
Ein Christ...: gereimte Ungereimtheiten eines Betroffenen / Jörg Müller. – 4. Aufl. – Stuttgart; Kiel: Steinkopf, 1997
ISBN 3-7984-0658-8

4. Auflage 1997

Einbandgestaltung und Illustrationen: Klaus Georg Müller, München
Reproduktion: pkom Ulf Dengler, Stuttgart
Gesamtherstellung: Clausen & Bosse, Leck

O lass mich in Ruh'

Projektion

Ein Christ geht stets mit Hut und gern
zum Gottesdienst am Tag des Herrn.
Das sieht sein Nachbar, und der ist
kein praktizier'nder Sonntagschrist.
Und der wird schuldbewußt gebissen
von einem kleinen Rest Gewissen,
und folglich sagt er frechen Mutes:
„Der geht nur wegen seines Hutes!"

Mein Wille geschehe

Ein Christ, von einem Wunsch erfüllt,
betrachtet dies als gottgewüllt.
Dies geht nun schief, und ihm wird klar,
daß es sein eig'ner Wille war.
Drum sieh dich vor, sonst machst du gern
den eig'nen Wunsch zum Wunsch des Herrn.

Illusion

Ein Christ, er betet seinen Gott
aus Illusion an, sagt mit Spott
der überzeugte Atheist
und merkt selbst nicht, daß er es ist,
der seines Gottes sich beraubt
und diese Illusion dann glaubt.

Der Sündenbock

Ein Christ, des Kirchgangs überdrüssig,
find't seine Kirch' ganz überflüssig,
und außerdem, das paßt ihm g'rad:
Sind ihm die Predigten zu fad.

Weil er das Beten nicht mehr mochte
und sein Gewissen ständig pochte,
fiel ihm noch ein, daß auch die Steuer
in ihr zu hoch sei, viel zu teuer.

Er atmet auf. Und macht sich frei
von Sonntagspflicht und Beterei.
Und freut sich sichtlich und famos,
daß er die Schuld vorerst mal los.

WER moralisiert, tritt anderen auf die Füße und schreit selbst „aua“.

Regie
ALLES NUR PROJEKTION!
WARUM NICHT?
19 KH 88

Spiegelung

Ein Christ bekämpft mitunter still
im andern, was er selber will:
Das Gute, das er ihm nicht gönnt,
weil der ihn übertrumpfen könnt;
das Schlechte, weil es ihn als Christ
oft anzieht, doch verboten ist.
Dann wieder will er eig'ne Sünden
im andern gerne wiederfinden,
den er dann zu bekehren sucht,
was als Erfolg er sich verbucht.
Und so bekämpft der gute Christ
mal, was er wünscht, mal, was er ist.

Einsicht

Ein Christ kommt zur Erkenntnis gar,
daß Gott noch nie ein Guter war,
da auf der Welt, wohin er sieht,
allüberall Unheil geschieht.

So folgert unser frommer Mann,
daß Gott nicht existieren kann.

Jetzt, ohne Gott, tritt es zutage:
Der Mensch verursacht selbst die Plage.
Und tief beschämt, ob der Erkenntnis,
macht er bei Gott sein Schuldgeständnis.

Höre, Herr, dein Diener redet

Ora per laborem

Ein Christ entzieht sich oft dem Tun,
weil er zu faul ist; er will ruh'n.
Statt dessen aber betet er,
obgleich das Handeln Beten wär.

Pragmatisch

Ein Christ, dem's Beten nicht gelingt,
weil er sich fragt, was es ihm bringt,
nähm' leicht und sportlich diese Hürde,
fragt' er, was Gott es bringen würde.

Der Unterschied

Ein Christ kommt nicht zum Beten mehr,
weil ihn die Arbeit allzusehr
in Anspruch nimmt.
Ein and'rer hat denselben Grund,
doch betet dieser eine Stund',
und alles stimmt.

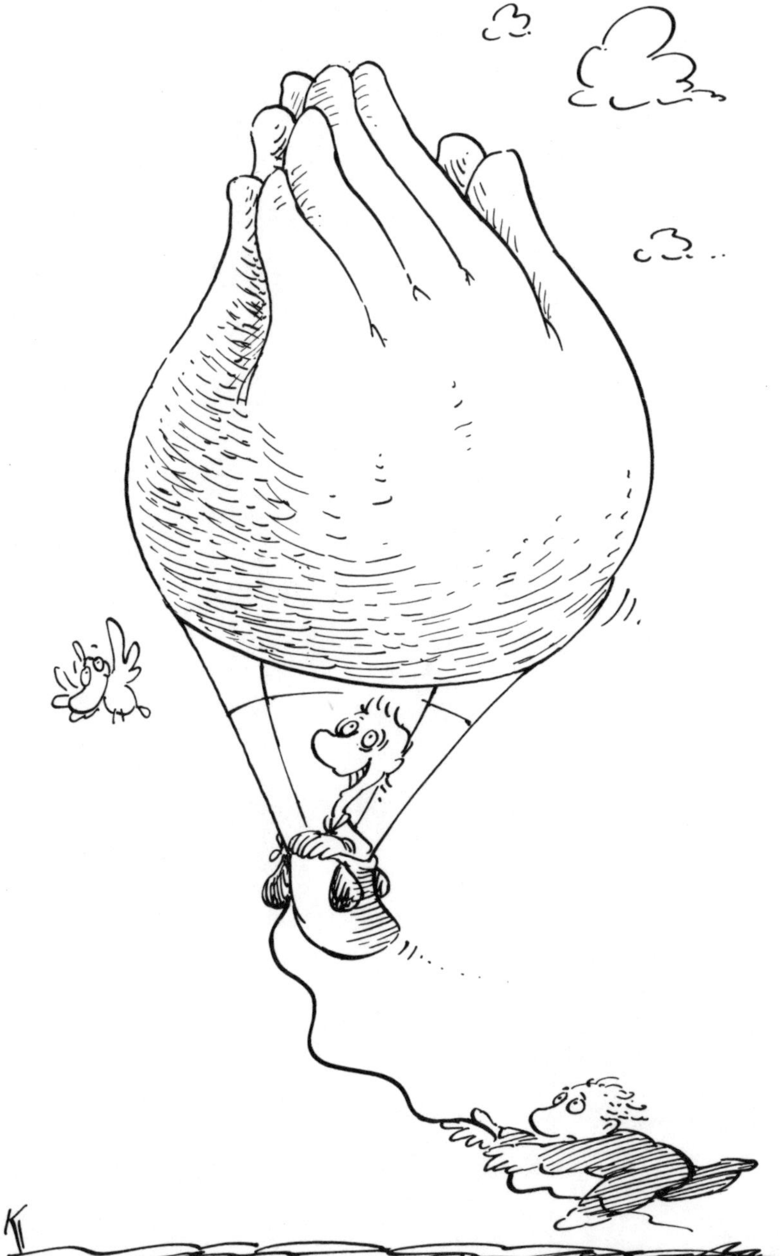

Entrückt!

Entrückt

Ein Christ hebt sein Gefühl empathisch
zu Gott empor und charismatisch
hat er die Arme hocherhoben,
um seinen Herrn, den Boss, zu loben.

Damit er sein Gebet genießen
kann, tut er die Augen schließen
und ist minutenlang entrückt
und, wie gesagt, vom Boss entzückt.

Da – die Antenne ist weit oben –
beginnt in Sprachen er zu loben
und sich allmählich zu erheben,
um charismatisch zu entschweben.

Die Nachbarn aber, sie erleben
recht erdverbunden dieses Schweben
des frommen Beters und sie holen
ihn wieder runter – gottbefohlen.

Ein Christ kann auch mit beiden Füßen
am Boden stehend Jesus grüßen.
Drum soll er stets im frommen Rahmen
die Erdung nicht vergessen. Amen.

Es irrt der Mensch, solang er strebt

Der falsche Weg

Ein Christ soll stets und immer gern
den rechten Weg geh'n. Spruch des Herrn.
Doch mancher sucht, nachdem er krank
geworden ist von Streit und Zank,
beim Arzt und auch beim Therapeuten
ein rasches Mittel zu erbeuten,
das ihn des falschen Weges Rest
noch unbeschwerter gehen läßt.

Hochmut

Ein Christ wurd' kürzlich tief verletzt
von einem Freund und ist entsetzt.
Er wirft ihm vor, daß er ganz krank
geworden sei von diesem Zank.
Der Freund – das ist bei ihm Gewöhnung –
reicht ihm die Hand hin zur Versöhnung;
doch unser Christ verweigert sie,
vergibt dem Freund im Grunde nie.
So bleibt er krank. Der Grund des Grolls
ist nicht der Streit, sondern sein Stolz.

... UND HÜBSCH REGELMÄSSIG WIEDERKOMMEN ZUM VERBAND-ERNEUERN!
DR. ALBERT QUACKS

Manipulation

Ein Christ ward schuldig, er bereute.
Gott hat verzieh'n; doch nicht die Leute,
die durch ihr Reden und ihr Handeln
den Ruf des Armen ganz verschandeln
und triumphierend dann gesteh'n:
Das haben wir längst kommen seh'n!

Gnade

Ein Christ erfährt des Himmels Huld
nicht trotz, doch wegen seiner Schuld.
Und so beschämt ihn die Verwöhnung
und führt ihn schließlich zur Versöhnung.

Die Beichte

Ein Christ will seine nicht sehr leichten
Sünden in der Kirche beichten.
Und geht zu einem Gottesmann,
der, wie man sagt, kaum hören kann,
und flüstert ihm ins taube Ohr:
„Taramtata, taramtator."
Kaum sprach er diese simplen Worte,
erschallt es durch das Gitter forte:
„Taramtata, taramtati,
der Taube sitzt heut ‚vis-à-vis'".

Himmelsgeduld

Ein Christ verflucht heut' seine Sünde
und findet morgen hundert Gründe,
denselben Fehler zu begeh'n,
der niemals hätte soll'n gescheh'n.
Er bäumt sich auf, er kämpft sich ab,
solang, bis er in seinem Grab.
Am Ende siegt trotz aller Schuld
des Bosses himmlische Geduld.

Gewissenserforschung

Ein Christ, der nicht nach innen horcht
und sein Gewissen nicht erforscht,
verliert in seiner Innenwelt
den Überblick und legt für Geld
sich auf die Psycho-Couch dann flach.
Dort holt er das Versäumte nach!

Gedächtnislücke

Ein Christ erhält durch Gottes Huld
Vergebung seiner Sündenschuld.
Da plötzlich geht es ihm sehr mies;
er sucht nach einer Schuld, die dies
erklären könnt' und kommt zum Schluß,
daß Gott der Sündenbock sein muß.
Doch von Vergebung keine Spur.
Wo bleibt da sein Gedächtnis nur?

Allzuviel ist ungesund

Perfektionismus

Ein Christ mit skrupulösem Leiden
will tunlichst jeden Fehler meiden.
Er gönnt sich nichts, ist sich nicht gut,
weil er vermeintlich Böses tut.
Er glaubt, sein Gott sei gnadenlos
und macht durch Leistung sich nun groß.
So geht er mit Verbissenheit
beklommen in die Ewigkeit.

Glaubenslicht

Ein Christ, der glaubt, ist stets bemüht,
ein Glaubenslicht zu sein, das glüht.
So muß er achten, daß er nicht
den andern blendet durch sein Licht.
Doch das ist selten, meist enttäuscht er
und zeigt sich schlicht als armer Leuchter.

Salz der Erde

Selbstlos

Ein Christ, der ständig schlecht sich macht,
sein Licht versteckt in Anbetracht
der Niedrigkeit, scheint selbstlos bloß.
In Wahrheit ist sein Selbst er los.

Verkennung

Ein Christ bemüht sich edlen Mutes,
nicht bös' zu sein, so tut er Gutes,
indem er Wünsche eines jeden
Nachbarn erfüllt und auch jedweden
Anfall von Zorn im Keim erstickt,
wovon er schließlich Bauchweh kriegt.

So siecht er hin, der edle Christ,
dem eines gänzlich unklar ist:
Weshalb der Herr ihn, der so gut,
mit soviel Krankheit schlagen tut.
Und in Gedanken ganz verloren,
verspürt er wieder dieses Bohren.

Du kannst es dir ja noch ein bißchen abschmecken...
Suppe

Die andere Sünde

Ein Christ ist sehr darauf bedacht,
daß er das Beten richtig macht.
So fängt er stets von vorne an,
wenn er sich mal nicht sammeln kann,
wobei das Böse er nicht spürt,
das hier zur Übertreibung führt.

EIN Christ muß nichts Großartiges tun; er soll das Kleine artig tun.

DER Geist ist schwach, das Fleisch aber willig.

Ist ja irre!

Der Sündenfall

Ein Christ kennt seine Bibel nicht
und pfeift auf seine Christenpflicht.
Und da auf Gott er nicht mehr hört,
wird er von Schwärmern bald betört,
die ihn mit attraktiven Lügen
und falschen Christussen betrügen.
Er lernt nun auch, sich zu versenken,
um sein Geschicke selbst zu lenken.
So beißt er rein in diese Frucht,
stets vor der Wahrheit auf der Flucht.
Bis er erkannt, wer ihn gepackt,
und sich bedeckt, weil er ganz nackt.

WER recht mäßig lebt, lebt oft nicht rechtmäßig.

Machen Sie mal den Apfeltest. Hier.....wenn Sie auch morgen noch kraftvoll zubeißen wollen.
garantiert für alles gut !!!
Wunder creme !

Aberglaube

Ein Christ trägt einen Talisman
bei sich, der ihn beschützen kann.
Von Freunden hat er mal gehört,
daß so ein Ding das Glück beschwört.
Und in der Tat: Als er mal schlief,
das Ding vergaß, ging alles schief.
Und so erfüllte dann und wann sich
Markus 9, Vers 23.[1])

New Age

Ein Christ hat oft gehört, gelesen,
daß viele seiner Glaubensthesen
verdreht gedeutet und verwässert,
was seinen Glauben nicht verbessert.

Von Christus spricht man, aber meint
Maitreya, der bald hier erscheint;
mit Tarot löst man Jenseitsfragen
und transformiert so Falschaussagen.

Entsetzt erkennt der fromme Christ,
wer hier mit List am Werke ist,
und daß die Kinder dieser Welt
den Gott synthetisch hergestellt.

---

1 „Jedem geschehe nach seinem Glauben."

Heile mit Weile

Therapie

Ein Christ ist seelisch sehr gestört
und hält sich nicht für liebenswert;
ein Umstand, der seit Jahren schon
sich bei ihm zeigt durch Depression.

Der erste Arzt, zu dem er geht,
verschreibt ihm 20 Maximed;
der zweite spricht mit ihm 'ne Brise,
der dritte macht 'ne Analyse.

Doch alles bleibt so, wie es war.
Da wird dem vierten Arzt ganz klar,
daß dies die Angst vor Gott wohl ist;
er kennt das, da er selbst ein Christ.

Und durch Gebet und Korrektur
des Gottesbildes wird die Spur
allmählich frei. Der Christ spürt Lust
am Leben und wird selbstbewußt.

WER sich nie Zeit nimmt für seine Gesundheit, wird sich Zeit nehmen müssen für seine Krankheit.

PSYCHOZENTRALE
AM HAUPTBAHNHOF
FREI
FREI
FREI

Kerngesund

Ein Christ ist krank. Doch trotz der Pillen:
Er bleibt es auch beim besten Willen!
Selbst die Gebete helfen nicht.
Doch dieser Tatbestand, der ficht
ihn gar nicht an, er bleibt Gott treu
und orientiert sich an ihm neu.
So lautet schließlich der Befund:
Die Schal' ist krank, der Kern gesund.

Helfersyndrom

Ein Christ verdrängt den eig'nen Schatten
und will zu heilen sich gestatten
die Wunden bei den ander'n Leuten,
die seine eigenen bedeuten.
Und jeder Dienst, den er erweist
am kranken Menschen, der verheißt
Vermeidung seelischer Verletzung
durch Flucht vor Auseinandersetzung.
So darf der Kranke nie gesunden,
sonst brechen seine eig'nen Wunden
von neuem auf, und er muß eilen,
den nächsten Kranken dann zu heilen.

… Von Eile hat er nichts gesagt

Der letzte Termin

Ein Christ, als Manager bestellt,
hält viel von sich als Mann von Welt.
Er reist viel rum
und hat auch drum
Terminkalender als auch Geld.

So reist er nun von Stadt zu Stadt,
vermählt mit dem Kalenderblatt.
Doch diese Hast
wird ihm zur Last,
die böse Konsequenzen hat.

Da schlägt die Uhr soeben zehn.
Sein Herz schlägt nicht mehr. Das bleibt stehn.
Sein Herzversagen
auch einzutragen
vergaß er. Hat's wohl übersehn!

Karriere

Eile mit Weile

Ein Christ, zur Zeit ganz ohne Zeit,
bedauert die Vergänglichkeit
der Zeit, an der er leidet,
und der er das ankreidet,
was ihm g'rad fehlt: die Zeit.

Und während ihn der Umstand quält,
daß ihm die Zeit fast ständig fehlt,
verspürt er Langeweile
in seiner bangen Eile
und Inhaltslosigkeit.

Doch der Gedanke, was er tät'
d'ran ändern, kam ihm viel zu spät.
Er tat das Unvermeidliche
und segnete das Zeitliche.

Nicht sofort

Ein Christ zählt sich zu jenen Frommen,
die dereinst in den Himmel kommen.
Er weiß, dort gibt es mehr als reichlich
erlöste Wesen unvergleichlich.
Warum nur will er nicht sofort
an diesen vielgepries'nen Ort?

O Schmerz lass nach!

Heilung

Ein Christ ist krank und sucht sein Heil
beim Arzt und im Gebet zum Teil.
Doch nichts geschieht, und weil er wittert,
daß Gott ihn straft, ist er verbittert.
Dumpf ahnt er zwar, die wahren Gründe
befinden sich stets in der Sünde.
Doch das verstärkt g'rad seinen Frust:
Er ist sich keiner Schuld bewußt.

Und trotzig rächt er sich mit Spott
und Zügellosigkeit an Gott.
So sorgt er klagend und recht kläglich
für eine Schuld, mit der nachträglich
sein Leiden er erklären kann.
Er straft sich selbst, der arme Mann.

Nach Jahren sucht er Gottes Willen
im stillen Schmerz doch zu erfüllen
und stellt beschämend schließlich fest:
daß Gott durch Leid ihn wachsen läßt.
Ein Wunder ist an ihm vollbracht:
Die Krankheit hat ihn heil gemacht.

Selbstbestrafung

Ein Christ, dem's gut geht lange Zeit,
befürchtet plötzlich wieder Leid,
das Gott zum Ausgleich schicken könnt',
weil der vielleicht ihm nichts vergönnt.
In Wahrheit straft aus Schuldgefühl
er selber sich. Ein dummes Spiel.

Beneidenswert

Ein Christ, der krank ist, glaubt gewiß,
daß er von all'n der Kränkste ist.
So ist verzweifelt er und fleht
um die Genesung im Gebet.
Beneidenswert ist da der Mann,
der Gott zuliebe leiden kann.

Umkehren

Ein Christ fragt ständig nach dem Grund,
warum er krank ist, nicht gesund.
Doch wenn's ihm gut geht, fragt er nie
nach dem Weshalb, Wieso und Wie.
So ist er meistens konzentriert
auf das, was negativ passiert.
Empfohlen sei dem Christen drum
das Wort der Bibel: Denke um!

Kreuztragen

Ein Christ trägt meistens seinen Schmerz
ganz unauffällig tief im Herz.
Doch manche tragen das Gewicht
des Kreuzes deutlich im Gesicht.

Hypochonder

Ein Christ ist körperlich gesund
und hat zur Sorge keinen Grund.
Doch er befürchtet jeden Tag
das Kommen einer neuen Plag'
und hofft in seiner kranken Seele,
daß ihm am Körper nie was fehle.

Verzicht

Ein Christ, der sich das Leben nimmt,
hat sich das Leben ganz bestimmt
niemals genommen, das Gott gab.
Drum liegt er jetzt in seinem Grab.

Irrtum

Ein Christ, der meint, Gott würd' den Streit
des Menschen strafen durch das Leid,
denkt sehr verkehrt, denn so beseh'n,
müßt' es ihm noch viel schlechter geh'n.

… In der Wolle gefärbt – oder?

Der Feinschmecker

Ein Christ sucht Freunde. Er ist einsam
und hätt' pro Woche und gemeinsam
das Zwiegespräch mit seinem Herrn
ganz gern.

Da führt ihn Gott zu frommen Gruppen,
die in bestimmten Lobpreis-Schuppen
sich betend treffen hin und wieder.
Man singt auch Lieder.

Doch Bruder Emsig, er beschwert sich,
daß es zu fad sei, denn er nährt sich
von Halleluja, Hosianna
und von Manna.

So bleibt er weg, wenn's ihm nicht schmeckt,
und kommt, wenn Appetit ihn weckt,
vom Kuchen nur die Sahne naschend,
nach Frommem haschend.

Am Ende folgt ihm die Erkenntnis,
wie ein verschämtes Eingeständnis:
Wer nie bereit ist, Brot zu kauen,
kann Sahne nur sehr schwer verdauen.

Imagepflege

Ein Christ, der arroganterweise
für klug sich hält, hat eine Meise.
Das Dumme ist, daß er sie meist
verwechselt mit dem Heil'gen Geist.

Paralyse

Ein Christ, der sich entfremdet hat
von seinem Gott und der nun statt
des Christseins sich recht progressiv
des Atheismus rühmt, liegt schief.
Denn in der Wahrheit hat er diese
progressive Paralyse.

Angst

Ein Christ hat vor, sein ganzes Leben
dem lieben Gott zu übergeben.
Und während er so überdenkt,
wie's wär, wenn Gott sein Leben lenkt,
erschrickt er, denn es fällt ihm ein,
die Zukunft könnte freudlos sein.
Zu oft sagt man von Gottes Wegen,
sie seien eng und ungelegen.
So distanziert er sich vom Herrn
und bleibt ihm gern ein bißchen fern.

HÖCHSTES ↑
& HÖHERES
WESEN –
NICHT STÖREN!
(WIR ARBEITEN)

Steckbrief

Ein Christ, wenn er einmal beleidigt,
ist einer, der sich dann verteidigt
mit Worten, ohne Schlägerei,
nach Lukas 17 Komma 3.[1])

Sein Blick ist hell, er wirkt erlöst,
selbst dann, wenn er beim Beten döst;
denn Gott behütet sein Gewächs
gemäß Psalm 3, Vers 5 und 6.[2])

Sein Engagement in der Gemeinde
ist friedenstiftend trotz der Feinde.
Vor Gott wird er gewiß bestehn
laut 5 Matthäus, 9 und 10.[3])

Er ist erkennbar an der Bibel,
die stets er liest. Auch diese Fibel
hat er erstanden; denn er dacht' sich:
Nicht teuer für paar Mark und achtzig.

---

1) Lk. 17, 3: „Tut euch jemand Unrecht, so weist ihn zurecht."
2) Ps. 3, 5 + 6: „Sooft ich um Hilfe rufe, hörst du mich. Ganz ruhig kann ich schlafen, weil du mich schützt."
3) Mt. 5, 9 + 10: „Selig die Friedensstifter ..., Selig, die um des Glaubens willen Verfolgung leiden ..."

Gelassenheit

Ein Christ, der seinen Glauben lebt,
und mehr am Boden steht als schwebt,
steckt sicher seine Umwelt an,
denn er ist Vorbild dann und wann.

Doch manche Christen, die bekritteln
den Heiden mit verbalen Mitteln
und wollen in ihm Glauben wecken,
nicht, um ihn an-, doch einzustecken.

Ein and'rer schluckt beherrscht und kühle
ein Leben lang Zorn, Schuldgefühle,
erkrankt er dadurch, und es treten
Geschwüre auf, dann läßt er beten.

Ein dritter will mit vielen schönen
Aktionen seinen Boss versöhnen
und kämpft verbissen und entzweit
auf seinem Weg zur Heiligkeit.

Ein Christ, der seinen Glauben lebt
und mehr am Boden steht als schwebt,
erreicht auch ohne Krampf und viel
Aufhebens dieses gleiche Ziel.

ES gibt Leute, die schütteln solange ihren Kopf über der Suppe, bis sie ein Haar darin finden.

Nullbilanz

Ein Christ ist geizig: Bei den Armen,
da zeigt er keinerlei Erbarmen.
Doch gibt er Geld für's Waisenhaus.
So gleicht sich alles wieder aus.

Die Ehetreu' find't er beschwerlich,
und folglich ist er hier nicht ehrlich.
Doch bringt er ihr stets einen Strauß.
So gleicht sich alles wieder aus.

Die Woche über ist der Mann
höchst ungenießbar, aber dann
geht's sonntags drauf zum Gotteshaus.
So gleicht sich alles wieder aus.

Am Ende kommt es dann heraus:
Gott schuf ihn. Doch auf leisen Sohlen
wird ihn der Teufel dafür holen.
So gleicht sich alles wieder aus.

Imagepflege

Ein Christ, der sich von dem läßt lenken,
was so die Leute von ihm denken,
soll lieber einmal danach fragen,
was Gott von ihm wohl würde sagen.

Missionierung

Ein Christ führt durch Verbalbelehrung
'nen Heiden sehr rasch zur Bekehrung.
Doch der Erfolg ist nicht von Dauer.
So ist er sauer.

Dann läßt er, ohne sich zu schonen,
den Heiden ein Jahr bei sich wohnen.
Da wird der Mitmensch etwas später
Christ, dann geht er.

Und die Moral von der Geschicht':
Leb' deinen Glauben, schwätze nicht!

Ausgleich

Ein Christ steigt aus der Kirche aus
und nutzt das schöne Gotteshaus
nur noch für seine Gäste.

Vom Glauben hält er nicht mehr viel;
doch paßt ihm der barocke Stil
für Tauf- und Hochzeitsfeste.

So gleicht er seine Leere aus
und kommt liturgisch fein heraus
mit einer weißen Weste.

Geistlos

Ein Christ, der an den Heil'gen Geist
zwar glaubt, doch seine Hilfe meist
verdrängt und nur aus eig'ner Kraft
an seiner Karriere schafft,
erreicht es nie, daß er sich wandelt
im Leben, weil er geistlos handelt.

Überraschung

Ein Christ hat einst im Himmelshort
drei Gründe, die ihn wundern dort:
Zum ersten, daß er Leut' erblickt,
die er zum Teufel gern geschickt.
Zum zweiten fehlen die Gestalten,
die er für Engel stets gehalten.
Am meisten aber wundert ihn,
daß auch er selber hier erschien.

WER den Fehler krampfhaft vermeiden will, tut ihn.

Kurz und bündig

EIN Freund ist, wer den anderen kritisiert, um ihn besser zu machen. Ein Feind ist, wer den anderen kritisiert, um ihn schlechter zu machen.

BEVOR man sich richtig zusammensetzt, muß man sich richtig auseinandergesetzt haben.

ICH muß kein anderer werden, um geliebt zu sein.